MARIO CAMPAÑA

Devoción
por las costumbres
de los pájaros

(2019-2024)

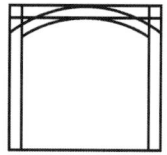

Editorial Dilema
Madrid, 2025

Colección de poesía dirigida por Antonio Ortega

© Mario Campaña
© Editorial Dilema, 2025
Ibáñez Marín, 11 - 28019 Madrid
Teléfonos: 91 472 90 71 y 670 36 74 79
info@editorialdilema.com
www.editorialdilema.com
ISBN: 978-84-9827-693-0
Depósito Legal: M-7712-2025

Diseño de colección: María Pérez-Aguilera
Diseño de portada: Esther Hernández
Maquetación: Antonio García Tomé - agtomedesign@gmail.com

Ces fleurs sont vos fleurs et vous dites
que vous ne les reconnaissez pas[1]

Paul Claudel

---

[1] «Estas son vuestras flores, y decís que no las reconocéis».

Extraña esta pasión de la mente inarmónica.
A la vera del mar en la hamaca dormito.
Una aldea despierta en mi cabeza,
una multitud con brazos encendidos.
Una aldea de pensamiento
en mi mente sin pensamiento.

El mar y sus disparos me despiertan.
Sus himnos no me levantan como antaño.
Ante viejas paradojas, praderas siderales.
Los timoneles se columpian.
Sin tierra prometida, ninguna palabra alcanza.

Me lanzo sobre rutas impolutas, me detengo.
Alzo la cabeza, miro el firmamento.
Un torrente de puntos cardinales me confunde.

Seda de los cielos. Mala caligrafía de las ciudades.
Una tropa se agita escarnecida.

Vuelven soles, pero no resucitan.

En esos oscuros jardines dormitábamos,
con los pies en alto.
Y deambulábamos sin término

sobre muros pintarrajeados.
Perseguíamos abrevaderos bajo la lluvia
y en vías lácteas descubríamos
las alucinaciones de la carne:
monigotes incinerados.

Tu íntimo plumaje en el último momento me alcanzaba,
Madre.

En esas calles asistí a tus siembras y banquetes,
cuando tus propios hijos ofrecías troceados
en mesas planetarias.

Entre esqueletos de metal y mármol
recibíamos las mismas enseñanzas:
doctrina de muertos para muertos.

Incrustada en las fauces del dolor,
aquí te ofrezco esta rosa miserable,
con sus rudos pétalos de tejas,
Madre.

Oh Momia estupefacta, hacia ti voy.
Tántalo abandonado
en los jardines del terror.

Bajo tu pérfida sombrita me detengo, Madre.
Con tu lengua de ballena, escribo,
secretamente, con la ampulosidad
que me enseñaste. Con rabia

escribo y me entretengo.
De arriba abajo,
con sillas giratorias, tus escaleras mecánicas
en interminables rascacielos.

Escalo.
Creo y no debo.

Cuántas impetuosas criaturas nacen
de tu vientre, Madre,
cuántos cielos sin soles ni rescoldos.

En tus fríos hornos mi hermano se despierta.
Entre sucias invectivas. Desgonzado
de nosotros se revuelve, desprendido,
el brazo enhiesto como antorcha,
con su caminar efímero.
Ningún viaje para ti, hermano.
Hacia delante o hacia atrás en la comparsa,
cuerpos delicuescentes que pasean
por avenidas llameantes
junto al balón lumínico de la luna.

Esas vidas que fueron y vinieron,
las que vinieron y partieron, necesitamos
conocer.
Movimientos de dopados bajo las cúspides,
tramando cada uno su designio.
Cómo nos hemos ignorado unos a otros,
¡excomulgados todos!

Es el pan no atado, el pan
de sangre no rehecho en sus mitades.

Camino en mi barrio de inmigrantes.
Contemplo las nubes, siento tus dedos
verticales, tus latones chirriantes
penetrando en mi cabeza,
Madre.

Mirando, la ponzoñosa inteligencia se ejercita.
De todo, sospecha el entendimiento puro.
Sabiduría de los sabios. Discernimiento
de entendidos. Capitales de la negación.

Acostumbrábamos a atravesar los grandes parques
y en las noches en el cuello nos crecía
un viscoso amasijo de serpientes,
y en el rostro prosperaban fúlgidas raíces,
funestas semillas de hombres arbolados.

Germinan árboles de palabras disecadas
en las alturas.

Con tizas de fuego escribe
en la pizarra del firmamento, mi amigo,
el buen Garriga, en la noche que transforma.

En la esquina, dos viejos se devoran mutuamente.

Espero en el sillón del peluquero ruso.
El hombre se escandaliza por chibolos,
señalando agujeros desastrosos
que yo mismo me propino
en la parte posterior de la cabeza.
El ruso se persigna ante mi pelo
encendido. Extraña pira, dice.
Quien lo ha hecho
carece absolutamente de piedad,
musita el peluquero, mi nuevo amigo,
que antes lanzaba rugidos a la luna.

Nos pervertimos, digo.
Nos mantenemos flotando.
Es mi estúpida manera, mi épica
grabada en carne diminuta.

Después regreso. Converso con mi adusta
marioneta vietnamita, el viejo Señor Kim,
que cuelga como centinela chino
junto a las telarañas de mi techo.
Noche y día en mi pequeño salón vela.
De madrugada escucha las blasfemias
que Simón desde el cielo lanza
por nuestra vida disoluta.
Con ceño impaciente observa a mis putas y borrachos,
la menuda gente de mi pueblo, tirada
en los arcenes, en la vieja estantería: locos
derrocados por sus sueños laboriosos.

«Abandona este jardín de piedra», dice,
«esta paz que a todos nos marchita», insiste
    el sabio señor Kim.
«Nada nacerá, si no es con palabras nuevas».

Sin pasado ni futuro anda el ánima.
No se mueve ni una hoja, aunque hay guerra.
Ni ganar ni perder. Exterminar.
Todo el mundo lo sabe.
En mi jardín abrevan los caballos de antes.
Y salta un alacrán de mi plato.

¿El infierno es un exilio, Poeta?
¿O el exilio es un infierno?

¿Stetson volverá a sembrar cadáveres
en el jardín este año?

La muerte nos azota con su látigo
cuando volamos sin el canto de los pájaros
sobre el pasado proceloso.

Pasé la tarde abrumado, navegando en las aceras.
Entre silbidos de metrallas
la luz de los semáforos perdía su dicción.
Cada aguja con su hilo, digo.
Cada hijo convierte al padre en hijo suyo.
Falsos agujeros de la mente encantada.
Sobrevivimos extinguiéndonos.

En el cielo nos reflejan los cristales.
Qué cumbres llameantes; qué leyenda de soles.
Esos rascacielos temblorosos,
con sus carnes pútridas, caídas en cascadas.
Esas avenidas verticales entre nubes rojas.
Las palabras croan.

Cuántos batallones arrastrándose
en el mar, con sus proclamas, Madre.

Mira.

Calle arriba calle abajo, perdido.
Roma es solo un avatar de Roma.

Di,
con qué sesera ardiente hemos andado
en las alturas, con estos recios carros giratorios,
pastoreando llamas desapasionadas,
de este mundo ya pasado de sazón.

    De nuestras almas puras o siniestras,
    los paisajes aguaitábamos
por una oxidada mirilla vertical,
por si aflorara acá o allá
        el hueso de algún sentido.

No dejaré que mi consciencia arbitre
mi vida. ¿Envejece el alma?

La poesía pica piedras para no mentir.
Únicamente de sus temas hablaremos
cuando estemos muertos.
La infinitud de las palabras
arrastra al pensamiento,
pero la avaricia de la palabra nos condena.
Nos hace respirar sin aire,
toda memoria extinta.
Boca que estrangula su propio balbucir.

La música y la poesía están siempre
por llegar. Mientras tanto, los pájaros
deben continuar su vuelo.
Poesía y música descubren
lo que no somos
pero podemos ser.

Pensaba en mi país, solo el sueño de unos cuantos.
Columnas que se arrastran de cara al sol.
Ríos enhiestos con un síncope febril.
Otro cielo iridiscente con sus gritos.
Es nuestra música que pugna y nos espera,
hermano, en nuestra travesía a ras de suelo.
Sordos pasos en desorden.
Se teje de noche en estas tierras
y se desteje con el sol,
cuando los roedores vuelven a morder los pies.
Tensos y arrepentidos dormitamos.

Mi país, que no tiene umbrales.
Avispas flotando sobre tumbas insatisfechas.
Nudos de ahorcados en nuestra alma,
bulbos de nuestro bosque invertido.

Cada mañana despierto
cuando mi caballito corcovea,
mi caballito de hojas tiernas,
que trata de domar mi suerte,
odiosa podredumbre trajinando,
en la hondonada del camino.

No encontraremos en el pueblo, hermano,
a los pescadores que jugaban
con vírgenes en sueños,
y pastoreaban en calles empedradas.
No conoceremos el áureo testamento de los santos,
sus pródigas divagaciones en el antiguo mar fragante,
ni veremos los caprichosos correteos de mis gallinitas tontas.

Cuánto extraño mar desobediente, Madre.
Cuántos indocumentados peces:
reveses para corazones prometidos.

Qué estruendosas noches de antes.
Ninguna esperanza nace del sentido,
en nuestro Edén de fieras.

Roma es solo un avatar de Roma.

Con tu lengua de romano me sometes, Madre.
Con esa lengua me atraviesas.
Tu elocuencia a todos nos domina,
conquista mi mente de profano.
          Savia de la deserción.

Que te arranquen la memoria,
el arrepentimiento de la vida.

Aborrece a tu padre y a tu madre.
Aborrécete, hermano. Grítate, al oído,
si puedes.
Padre aconsejaba caminar erguidos
y de cara al sol.

El tiempo, dices:
un solo día y una sola noche,
un cascarón, sin aire.

Con una flor en el pecho
dibujamos nuevos mapas.
Naves celestes surcan mares siderales,
escriben páginas de un Libro.
Folios machimbrados con ceniza
para discordes mandamientos.

Ninguna palabra alcanza.
Bagazo de la historia nuestra.
Cosecha de las cepas de antes.

Un romance de canoas con los muertos.
Cacería de siglos el sentido, ardiendo
interminablemente.
        Qué moridero, Madre.
                Di.

Una aldea se incendia, una innoble aldea.
Bañados por aguaceros lívidos
mi hermano y yo esperábamos despiertos,
alucinados. Nos decíamos:
«atrás y adelante / vamos siempre
con la vida». Atrás y adelante:
el cebo alimenticio.

A todos nos vencieron tus insidiosos coloretes, Madre,
tus arduos e interminables argumentos,
tus irrisorios curetajes que desfondaban los océanos,
catapulta de las últimas preguntas,
interminable ola
de películas mudas.

Hospitalarias leyendas matinales.

Separado de mi cuerpo me acostumbro
al tumultuoso atardecer en las aceras
y atónito percibo
sedosas radiaciones del porvenir.

Como a un recuerdo, me atraviesa la lluvia.

Esquirlas rutilantes, esporádicamente humanos
somos. Humanos solo al empezar la aurora
y otra vez al terminar el día.
Humanos al sacar los pies del cepo,
          en el quicio solar que nos cautiva.
El alma inmoderada.

Sin mí, a mi lado te quedas, alma.
Ausente yo, para ti se abre una senda.
Solo tú, sin mí, la llenas.

Nosotros, esporádicamente vivos,
silbando en los caminos.
Vivos solo por encima de nosotros,
entre exhalaciones misteriosas.
Flancos de la guerra de exterminio.
Un pájaro se descompone en mi bolsillo.
Ni la quilla ni la prosa gobernamos.
Ni el poema ni la vida.
          Una daga sin luz nos indispone.
Impares rastros de la furia,
cifras de un destino balbuceante.

          Canto,
y cambio de amores cuando sueño.
He aprendido a no creerme, sé que miento.

Al amanecer, una innoble aldea crepita
en mi memoria. Todo umbral es un límite.
No volver a la casa si arde, si no arde.

Leo mi destino en las palabras de otros.
Solo mi verde caballito me acompaña
en sueños.

        Mi devoción
      por las costumbres de los pájaros me salva
      de tus lluvias negras, Madre,
Reina de los vientos ululantes.

       De tus consignas caprichosas,
de estas plantaciones y estos cuerpos
andrajosos, de estas celebraciones,
de estas Indias de amadores, se mofan
      tus padres y tus madres.

Madre,
¡depón ya tu infamia!
        Prevaricas
como mago egipcio.
Ultrajas nuestra belleza.
Gobiernas no con hombres.
Pervivimos solo con las cosas.
Envejecemos y mutamos con objetos.
Así plantamos nuestro triunfo.
Nos adulas con un destino sospechoso.
Inoculas convicción y nos desechas.
Menosprecias los altares, aquellas catedrales
     y esos capitolios,
los nuevos campamentos arrasados,
las naves en la cima de los montes.

Locuras, dices,
psicología infértil: ímpetu
        de guerreros indóciles,
        truhanes ennoblecidos.

Cuánto tiempo alcanzar ansiábamos
esas laderas, Madre, esos montes
                        vertiginosos,
                inventados,
en las incesantes vías lácteas.
Estaciones inesperadas.
Bravos vecinos de la aurora.

Ibas a sondear en los rostros de las viejas
el sollozo y la dicha que recorren los caminos:
que los monumentos no fueran solo ruinas.

Y desdeñas ahora nuestras epopeyas,
como incendiadas coronas,
ese llano de moribundos,
nuestras peregrinaciones,
este cielo verde de espinas.
Amamos el mundo como a las lenguas perdidas.

¡Sí! Ramera Reina Madre, ¡escandalízate ahora!
Flota el mundo
con el poco hervor de un agua prodigiosa.
Una vela se enciende en el pasado.
Me confieso ante esqueletos.
Dios cabe en la cáscara de un huevo.

Una ignoble aldea en tu retórica,
ciudades fuera de sus órbitas,
cavidades sin fin desenterradas.
Una sucesión de épocas ruines.
Cristalería humosa que confunde corazones.
El suicidio de los niños nos acosa
en los pueblos abandonados.

Quién lo diría: selva y maleza
colonizan los salones de antes,
        que aún humean.

He despertado en un jardín de nubes
echado en una playa pedregosa.
Ahora que ha pasado el tiempo,
trata al menos de salvar lo que deseaste,
aquel amor tan puro
que no quisiste mancillar.

En el mundo enmudecido, solo el cuerpo escucha.
Silencio de amores incurables.

A lo lejos cantan
gallos decapitados.
Hombres mendigando.

        Cantan
        a la salud de los muertos
        en caminos salvajes.

Estos años color de escarabajo,
                    sus cepos fríos.

En la noche vi que una zorra ardía.
Vi espectros que reverberaban en sus nichos.
El mar, arriba,
hablaba a solas.
Una flor del desierto quizá amanezca,
antesueño de alentadoras caminatas
hacia escondidas habitaciones de oro.

Tarde de aterrizajes forzosos.
Al pie de lanzaderas,
me veo mendigando,
debajo de un sol blanco.

En noches estáticas
me reconcome el corazón
malicioso.

Noche y día, acezantes, discutimos,
echados en la yesca,
          en tierras de residuos.

En templos y desvanes, mendigo.
En habitaciones con mendrugos.

Evocamos lunas.
Sus pétalos de piedra
caen con estrépito
en campos desconocidos.

En aquellos años me lanzaba a ciegas
a los senderos, sonámbulo bajo las nubes.

Pisaba el pasto tierno cuando oí
un aleteo de figuras desvanecidas.
La historia nuestra, dije,
irrisoria y trágica,
súbitamente desaparecida.

Todo cesó de pronto de rotar.
Dejó el mundo de cambiar cada noche.
Sin ascenso ni anunciaciones desaparecieron
los seres sobrenaturales, resplandecientes.
Como la hierba, se agostaron.

Hombres y mujeres en la orilla
contemplaban las llamas de un incendio
sobre el agua, un melancólico bufo
del mar vespertino,
una marejada que deseaban conservar
como reserva para la asfixia de mañana,
en la hora de una nueva deserción.

Sonaron compases de melodías olvidadas
que solían inquietar los corazones,
sus sentimientos aprendidos,
ya difuntos.

Llegaron imágenes de hombres ricos
conocidos en los malos caminos de mi vida.
Banqueros y gerentes que en Adviento
se lavaban los pies entre ellos
en casta seña de humildad.

Sin soles escondidos
comenzamos nuevamente,
sin tiempo y sin espacio,
sin las estrías de la eternidad.

        Es la ventura, camará:
las febriles apariciones del porvenir
sin los viejos sofismas de la desesperación.

Debería ser posible acumular felicidad.
Modelarla con nuestras nerviosas manos
para la concusión de los tiempos,
hasta que el canto encuentre su sostén.

Al salir,
en un llano vi una montaña humilde,
sin majestad, pero alumbrada en la altura.

Nada perturbaba la paz de los caminos.
Ni una bestia se apostaba alrededor.

Avancé sin miedo, a pesar de mi cojera,
en un terreno montaraz.
Y errando anduve solo, durante horas,
entre montes secos y arbustos discrepantes.

Evoqué interminables vueltas de mi vida.
Mi pasado en Roma, las turbias cuentas
de mi debe sin haber.

Para algunos el mundo es cuanto puede verse;
para otros, un orbe sin seres benevolentes,
sin la parte proba del corazón.

Hace un tiempo conocí a una muchacha
que hablaba a diario con las nubes.
Sus palabras se recogían y se estiraban
como accidentados ríos de montaña.

Yo rogaba que ella fuera distinta
a su inocente y atormentado discurrir,
y absorto ante la tormenta de su pelo,
con amoroso celo la escuchaba.

Interminablemente hablábamos
atravesando llanuras y altiplanos.

Cuando supo que Goethe administraba minas
se sintió estafada por la poesía:
«Haz que tu vida empiece cada hora». ¡Bah!

Sobrevino un súbito crepúsculo
y un viento seco erizó el erial
al pie de la montaña. El cielo amenazaba.
Miré a los lados, buscando algún refugio,
y descubrí un lago color de malaquita
y encima una niebla de aire póstumo.

Me acerqué y en la lejana orilla opuesta
erguidos personajes contemplaban
la laguna muerta, de otra época.
Con un tenue resplandor aquellos seres
se alejaron, uno detrás de otro.

Apoyado en mi bastón, meditabundo,
contemplé ese paisaje fabuloso,
vestigio de mundos desvanecidos.

Volví la vista a la montaña,
humilde y quieta en su inquebrantable mutismo.

Empezó a caer una lluvia fina.
Las gotas daban pasos retumbando
en la reseca bóveda de mi cabeza.

Sentí un gorgoteo de gargantas cercenadas.
La muerte late en nosotros como otro
corazón, con sus compases prodigiosos.

Toda la noche se han anunciado los gallos
sin que nadie amanezca.
El dios veloz no nos despierta,
macerado él también en sueños.

Yo andaba y desandaba en las sabanas,
registrando templos, removiendo ruinas:

una embuchada elocuencia.
El futuro embozado hasta la lengua.

A veces hacía un alto en la montaña.
Una noche, cuando cantaba con mi vino,
alcé la vista al cielo y permanecí en la escucha.

Cada astro, una casa, entendí.

Afiné
el oído. Una junta de magos encomiaba
la hospitalidad de los dioses de antes,
joviales animadores de la marcha del mundo.

En tierras altas caminamos,
en predios de tiaras encendidas,
donde perpetuamente todo se repite.

Horcas de estrellas. Antes,
viejos lares recorriste.
Días y noches reptando,
justos y réprobos en la misma fosa.

En tierra de impunes, con vestigios ardiendo,
recorrías sofocantes paisajes,
sin voltearte siquiera a abrevar o despedirte
de las montañas piadosas.

Ahora acampas, cuando tus añoranzas amainan,
y el oro del cielo orea en las quimeras.

Al acecho,
en los vastos campamentos que rodean
las incandescentes ciudades,
en tensa escucha esperábamos el alba,
en las postrimerías de aquel verano.
En los caminos borrados los pasos
gravitaban solos.

Sin los aburridos cabeceos del reloj,
en las plazas veíamos el paso
de los héroes, las legiones
con sus cabezas de tigre.
Y vitoreábamos hazañas.

Así crecieron melodiosos anhelos.

Pero en rieras torrenciales relucían
signos de un destino incumplido.
Nos temblaba el pulso para pesar las almas.
Veíamos trabajadores chupando huesos,
ávidas manos envueltas en guantes.

No contagiarse, decían.
No sucumbir a la esperanza.
Los menesterosos ardides de antes.

Como baldado que caminar no consigue, hui.

No volví a los incomparables campamentos.

En sueños, vi mi casa revuelta, oí
los balbuceos de mi mente hechizada.

Calles sin indulto y en espera.
Este irrisorio lado mudo de las cosas.
Oráculos sin elocuencia.

A veces, tendido en el amanecer,
estiras tu brazo y no encuentras su mano,
y descubres «el bravío mar de la muerte».

Si la volvieras a tocar sabrías
que no mueres, un triste pájaro en la red.
Que no era la muerte sino un lecho hundido,
el aliento perdido de las cosas.

Dilo con un templo en el pecho.
            El último ritual.

Acampar en la mente.

Prosternarse e inclinar la cabeza.
Empezar a hablar.

          distante
la pequeña verdad
          se infiltra
se pierde
               o se expande
en la floresta
          siembra
               su descanso
y al cabo
          nos alcanza
          tal vez presencia
               o ausencia
     inseparables
               la mirada
y la ausencia   generan
presencia
liberada
               el camino
          dispar   la meta
siempre
          atrás   adelante
               uno mismo
          nunca   la par
          te
          niega nunca

el todo
            lo necesita
justifica
                    si sobrevive
        el cuerpo
                    fecunda
el pensamiento
            si abriga al cuerpo
el corazón parte
y con parte
            los bienes
        el mundo   comparte
observa
            sin vida
                    la vida
                    sin mundo
                    imprescindibles
                    vida y
    mundo
        el pensamiento
no   sabe
        lo que piensa
                ni lo que la
            intuición
intuye   el pensamiento
            la parte
            o el todo
                    solo mirar
            cerca o lejos
                    la mirada

el corazón   necesita
           saber
           lo que el pensamiento
           trama
              contemplar
              condición
      de nuestra existencia
              enseña abierta
        de
   lo aún no llegado.

Excesos del alma,
ronroneo lejano del pensamiento,
cuando se marcha como un fantasma
y se alargan nuestras manos de tortuga
hasta el hueco del corazón.

En la mente una lumbre avisa.
Cuece la amapola la carne cruda.

De océano en océano sopla la llama extinta.
Es esta nuestra magna travesía.
En intrépidas expediciones continuamos
sobre aguas velatorias, en bahías consagradas.

De noche serpentinas salen de la boca
hacia las montañas de la cólera.

Toda lengua es profética.

Braceamos hasta carenas venerables,
        desertando.

Y amanecemos en llanuras prodigiosas.
En las inagotables tierras del Señor
todas las ventanas se levantan
exhibiendo cuerpos calcificados
para innumerables vertederos.

El bolero de la muerte bailaremos
unos a otros acoplados,
cuando todo vuelva a despertar
con el bullicio de los días de fiesta.

Oh cuánto hace que he llegado a esta morada descomunal.
Cuánto tiempo anclado en la bahía desconocida,
sobre suelos resbaladizos, lejos
de toda probabilidad.

Como árboles deshojados, los hombres corren
a la selva de sus balcones.
Agotan abrevaderos escondidos.
Las momias se envuelven en papel carbón
para el incalculable tiempo de los tiempos.

Habiendo estado fuera muchos años
nos sorprendió la luz encendida,
al amanecer.

Cuando al fin clareó, salimos.
La niebla se despegaba del cerro.
Puño cerrado, el pueblo, a la distancia.

Vimos el patio erizado con rastrojos
y hojas muertas; desnuda la morera.

La pareja de campesinos se había
convertido en cerdos recelosos,
que hozaban en un rincón reseco.

Los niños eran pequeños pollos.

Perros que nunca tuvimos caminaban
lentamente, con aire de orfandad.

De la casa sólo quedaba la pared trasera.

Desayunamos sordos en la cocina vacía.

Aún no conocemos los umbrales
y nada sabemos de las puertas,
las calladas y obedientes puertas.

Guardan la raíz de los deseos,
inmutables potencias del destino,
su fronda salvaje y deletérea.

Hay puertas que debemos abrir
para escuchar las palabras predilectas
y rastrear las huellas del camino.

Y tantas puertas que queremos cerrar,
por los leales juramentos.
Reclusos maceraríamos la piedra
y disiparíamos enigmas.

Pero ciertas puertas no se deben cerrar:
que viva libre la flor del crisantemo.

Y hay lugares sin puertas.
Ni el pasado ni el futuro tienen puertas
sino umbrales.

Hasta ellos llegaremos aprendiendo
de efímeras esperanzas
y crueles pensamientos.

En las noches respiro mejor
cuando una puerta se abre
y me pongo de pie cuando se cierra.

Abrir o cerrar era trabajo
de una vida,
el comienzo de su camino vertical.

Viviendo en posición horizontal,
antes, ponerme de pie no me costaba.

Ahora cierro los ojos y espero.

Ayer me envolvieron los acordes de una misa.
Forcejeé, torpemente.
Pero ninguna puerta se abrió.

A oscuras me asomé a las páginas ajadas
de mi pecho, sin lograr entrever nada.

Atonía del alma,
otra vez.

Aquel arquero antiguo
que dominaba los certámenes,
inclinado hacia adelante con brazos
y piernas en el aire,
en magnífica tensión,
para lanzar sus pendencieras flechas
contra el blanco inmóvil,

solo en el recuento de la senectud,
removido por la decepción,
malicia
que en su porfía malgastó la gracia,
ante un blanco
demasiado lleno.

Si en la liza acertaras a esperar
a que la tierra rote lo suficiente
y la paciencia y los mapas te muestren
el único lugar destinado para ti,

y atinaras a mirar en el instante justo
ese largo corredor abandonado,

descubrirías tu cuerpo balanceándose
entre espectros
en el ocioso umbral de la vida póstuma.

Se borraría tu loca obstinación
por encontrar un designio,
una llama en que arder.

Nacen antes que el pensamiento,
con la carne y las estrellas.

Como serpentinas que vuelan desperdigadas
en despejados cielos de verano
hasta que se aposentan en frondosos árboles
o vencidas se desparraman en los caminos
y se funden con la tierra y el follaje,

así las pequeñas derrotas descienden
y se acomodan en los lechos humanos.

Tarde o temprano se arrojan, victoriosas,
por escondidos meandros
hasta asfixiar nuestra voluntad
en oleosas figuras cada vez más próximas.

A toda hora y en cada estación van
con nosotros, por los parques giratorios
que noche y día atravesamos.

Ocultas en ardides, nunca resplandecen
las pequeñas derrotas de la vida que fue;
nunca anuncian las que vienen.

A medianoche, tras la alegre reunión,
en la avivada memoria crecen
las voces de mis amigas de antes,
pensativas viudas, astutas solteronas
o alegres esposas. Algunas aún
lo conservan todo, incluso amores
                redentores, de un día.

En voz baja rememoran sus más nobles
aspiraciones, ni cumplidas ni olvidadas.
Que las quieran solo por sus corazones
y sus delicadas y compadecidas almas.
Ese es su último y mejor deseo.

Lo piden, pero bien saben que nadie
pondrá la odiosa báscula que pesaba
corazones, trucada para la felicidad.

Desde el camino sin luna mi casa
atisbo, escondida entre olivares.

Qué puede haber en ellas, pregunto,
que no viva en el corazón de todos.
Lo que la vida laboriosa sedimenta
es semejante en cada uno de nosotros.

Miasmas y efluvios cada día se esparcen
en disimulados rincones de nuestras mentes
como sentimientos y ambiciones
aproximadamente iguales.

Con repentina congoja evoco,
            interrogo si no hay solo un alma
                        y un solo corazón,
infinitamente repartidos.

Leves y vacilantes apariciones
se deslizan a ambos lados del camino.
Gente que vuelve del tiempo en que nada
tenía precio y nadie aspiraba a ser querido
por la diferencia de su corazón o su alma

sino a integrar una banda de música,
al bullicioso juego de la gallina ciega
o a formar parte del equipo de básquet.

Ensordecidos por lustrosos gritos habituales
en el mar cuando bogamos, tras entregar los peces
y guardar las redes, fatigados, caminamos al Mesón,
en el crepúsculo. Ocupamos las mismas mesas
tatuadas con fechas predilectas
y esperamos la noche.

Bebemos entre golfas, espiamos a las camareras
y a la alegre muchachada.
Gritamos y reímos animando el Paseo
como truhanes en asueto.
Ávidos, invariablemente recordamos
las incompletas historias de siempre.
Menudos y balsámicos son nuestros días.

Nos despedimos, testigos unos de otros.

A medianoche, a solas, alguien habla.
Palabras que repetimos al amanecer.

Es excesiva la amistad. Necesita de la fe.
Y es de mal gusto confesar pasiones.

Pagamos por vivir. Eso es todo.

En la tumultuosa esquina de Times Square
donde enrevesadamente crecieron,
los trabajadores derriban muros
en un viejo palacio familiar,
usando lámparas mineras
aunque es de día.

Tienen rostros y andares de cincuentones
pero su tiempo es inmóvil; trabajan
con la radio encendida, oyendo *heavy*
music con golpes de martillo,
junto a mohosas paredes derrumbadas.

Esos exiguos jóvenes de hace treinta años
oran de rodillas en el polvo
alisando fustas o midiendo cables
para sus apaños.

        Faenan con brío y denuedo
venciendo atávicas aversiones
con el último reflejo de la estación deslumbrante,
en que creyeron que tenían ante sí
años interminables de alegría y gloria,
sin el arremolinado tiempo
que arreciaba.

Cuánto tiempo hemos sido los muchachos del verano,
fogosos muchachos que avivaban hogueras
en la cima de las montañas.

Alegres muchachos de incontables generaciones
que pusieron cerrojo a galerías y claustros.

Concupiscentes muchachos ungidos
en luminosas hornacinas,
que soñaron con sarcófagos de oro
en la proa de parques llenos de cruces.

Viejos y fatigados muchachos del eterno verano,
con alma de prófugos y provisiones justas,
ahora alojados en cómodas placentas
para la efeméride de sus tumbas.

La flor murió, pero quedó la palabra
que sembramos para tener la flor.

Luego se marchitaron las matas
y maceramos fragancias y colores.

Uno a uno los parques se hundieron,
cuando ya conocíamos las sendas.

Aunque desaparecieron los bosques
permaneció la idea del bosque.

Con eso debería bastarnos.

Pero perdimos el recuerdo de la flor,
el jardín y el bosque.

Los parques quedaron para siempre enterrados.

Y hacia nosotros, impacientes, volvimos,
con el eco de la flor y el jardín,
el parque y el bosque
en los cantos que aprendimos.

Ya no aprenderé a vivir.
No rivalizaré con la armonía
y el bien.

Apoyado en pequeñas ménsulas,
con mis semi pensamientos,
        contemplaré la virtud de lejos:

una creciente araña que ilumina
la casa ajena.

La castidad y la cuidadosa simetría
que afanosamente callan,
cuya imaginación jamás altera
las bien trazadas líneas de la vida,
recalcan mis impurezas.

Esa diabla gente encarnizando
la infierna vida.

Los poetas no tienen país.

Algunos sí lo tienen, cuando tocan
con sus manos el poder del país.

Si los poetas no tienen país no es
porque no amen a su país ni a ningún país.
Al contrario. Suelen ser amadores
de ciudades, pueblos y países,
como cualquier hombre cualquier mujer
que se ha hecho y deshecho,
ha amado y odiado en un país.

Los poetas no tienen país y por eso
los dejamos morir solos.
En la pobreza y la muerte las casas
del poder les niegan hasta el saludo.

Después son los amigos del poeta
quienes han de sufragar los gastos
que sus cuerpos inertes demandan
y son sus amigos
quienes conservan su recuerdo,
sus palabras pequeñas y grandes,
no sus países, ocupados en sus negocios.

Los poetas no tienen país si han cometido
la imperdonable locura de mantenerse fieles
a la poesía, a lo que no tiene precio.
     No al poder.

Y mueran pobres, solos y desasistidos.
Sin país.

I

he aquí la vida que un día nos prometimos
de la primera a la postrera
letra
curvas y caprichosas
      interminables
líneas dibujadas
un día
detrás de otro
año tras año
hasta formar tu nombre
con los dedos
de mi mano

ahora celoso
deshago
todo
y en restos desapareces

letra a letra las partes
de tu cuerpo
cada uno
de sus pliegues
se desvanecen
como el final
de un día

te extingues Lidia
se apaga
en nosotros el recuerdo
que nos alumbraba

Lidia dime qué hago qué
estoy haciendo
ahora aquí
ya borrado tu nombre

qué hago en estas horas
tierrosas
en que no estás
en que no existo

dime
por qué
letra a letra
ahora reapareces
te rehaces
puro espíritu
vela
encendida
parpadeo
y escribes nuevamente
tu nombre
tu esperanza

tu vida recomienza
y

ay
acuciosa
mi nombre
borras
cada uno de mis miembros
mis palabras
deshilvanadas
mis sombras mis luces
memoriosas
se evaporan

adiós al nombre
mío mi ser
entero

qué hago ahora en estas horas
desaparecido
Lidia
dime

mis manos garabateando
mi vida
qué vida

sobrevivan dedos
míos
aprendan
de tus fibras brotan
armonías
de tu cuerpo melodías

tempestuosas
sonatas
de tus ríos
un ostinato
tus rizos
que derramabas
en la fiesta
una meditación de tus manos
fluye
el recuerdo
mi temblor
por
tu cabello suelto

con tus liturgias día a día
inventadas
me renaces Lidia
savia   cora
que rehace
imper
ceptible
mente
mis
tejidos
hasta que
del borrón de mi vida
brotan
letras

arduamente
dibujando
mi nombre

dama asombrada
con la vela
encendida
tu alma estelar
perfila mejor
mis días

que ya vacío no
            viva yo
            ya no
máscara
para rituales

II

renazco esta mañana Lidia
renacemos con relámpagos
hermosos
si tormentosos esclarecen
nuestros pechos

mira Lidia esa hermosa sirvienta
egipcia

vuelve del mercado
con un ganso colgando
de su mano
para el festín
de la noche

en este mundo andemos Lidia
optimistas
toquemos
del amor los tambores
en barcazas bamboleantes
deslicémonos
sobre crespos arroyos
recitemos
buen cielo solo tú
para mí
tu cuerpo una estrella
giratoria
en mis ojos refulges
de pie en orillas
alumbradas
versos
      reversos
postrémonos
ante esa
radiante
corte
de pájaros
encinta

renazcamos
en el jardín
encarnado
                Lidia
yo ahogado
debajo
de tus pétalos

en el planeta giremos
no importan las grietas
            mira
        cómo
relampaguean los mitos

III

esos dioses
ya no hablan
con nosotros
ay
tristes mandíbulas
de serpientes
ahora
no cantamos
nunca más
malsanas
risas
escarbando

en los chaquiñanes
de la islita
ni sueños de la melancólica
Melpómene
infiltrando
los agujeros
negros
de mi pecho

adiós, Lidia, nos despertemos
amanezcamos
lo leí en un sueño.

Al muerto que viene a visitarte
para decirte que ha llegado la hora,
lo ves desde la ventana
de arriba.

Al atardecer, atraviesa la puerta
del patio, alza la cabeza, y discreto
te busca, pero
no te ve.

Te has escondido
a tiempo, detrás del visillo,
y lo observas.

Mayo de los pájaros, en la mañana y en la infancia.
Si en los refugios pudiéramos mirarnos,
      cuántos de nosotros levitando,
en comuniones inesperadas.

Con nosotros mismos,
no contar.

Todo empeño es un muro
y toda conquista una entelequia.

      Ciega de los pájaros,
    con tu juventud insólita.

Torpeza de los topos elevándose
sobre matorrales enardecidos.

Incansable el mar pasaba
sus interminables páginas,

y arrebatado ascendía
hasta las nubes sediciosas.

Cuando empezó a caer,
los pueblos huyeron
de páginas atronadoras.

Después,
como un hombre muerto el mar cavó su fosa,
y se extendió bajo su lápida.

Y pudimos sentirlo
mientras se hundía y se hundía.

Con su apagada maquinaria de esplendores,
en la brega, el mar no alcanza,

con su mano equivocada.

Las nubes se precipitan sobre espíritus ávidos
de niños bien amados listos para el crimen.

Entre el perdón y la luna volamos
a las vacantes estaciones.

En nuestro cielo sin sol,
en nuestros puentes pugnaces,
saludamos en estaciones candentes,
con mareas izadas e inviernos sin reposo.

Como el aura, la luna
sobre tu cabeza, niña.
El ojo en la montaña
y en el suelo los planetas,
en esta hora imantada.

El silencio del ojo empuja la cabeza
que rueda sin fronteras.

Y de pronto, la cabeza entre tus manos,
cuando ves la no-casa y los no-cuerpos
que cuelgan de los puentes.

Muchacha que jugabas naipes con los muertos;
después de los milenios, el camino borrado.

Así es como comienza la belleza:
Toda la noche el corazón ayuna.

Rota la mente empujada por caballos,
y al fin despliega el sueño su ambición
de transformar el mundo ensimismado.

Es intraducible la vida cuando vuelve.
Vuela y su destilación sanguínea asciende
entre corrientes perpetuamente recreadas.

Irradiación de aquello que renace
cuando la humilde orden del vivir respira
y acomoda limpiamente su cabeza.

Alcanza ese instante el alma a celebrar
y es entonces cuando comienza la belleza.

Con el sol en el pecho, sentada,
y la sonrisa arcaica en el rostro,
hoy te he visto, musa,
pensativa y melancólica.

Ignoro de qué mundo formas parte,
lo humano son soles repentinos.
Secretas viajan las semillas de los muertos
por el cielo deshojado.

Extrañas verdades, musa, en esta leve
ebriedad, de encantamiento y muerte.

Somos los peces adobados de la pesca
milagrosa, oh musa ausente.

Condición de nuestra honradez:
a diario ascender a un farallón de nubes
a entregar reliquias a la prole venidera.

Frente a tu rostro de piedra la tromba
nos arrastra.

Esta es nuestra herencia:
la configuración de un pez raro.
El mundo desperfecto del mar.
Animal que acostumbra a hablar de noche
       con su lengua bífida raída,
sus numerosas terminales extenuadas.

El pez raro entero y tembloroso
nadando en su curso de aguas póstumas.
Vivir es su sueño refractado
en las riadas irresistibles.

Cuando se aventura respirando,
el pez raro bate sus alas, boquea
y se hunde
con su cabeza de flor muerta.

Hosco,
en los vastos campamentos,
en la noche de manos rojas
que arroja el alba con el cuello roto,
en vano se derrama tu vasija
de oro.

Por ti se levantaron vallas, se esculpieron muros.
Por ti ningún ángel se batió, no amordazó
leones cuando caíste al foso.

Tu nombre no figura en lista
alguna.

En los tanatorios,
        resiémbrate,
después del incendio y
los disparos.

No encierres
la alegría ni el dolor
en tu seno silencioso.

No iremos a la *città dolente*
con el sol enterrado, exánime el corazón.

Hasta el próximo mundo
llegaremos
con la *somma sapïenza*
     y el *primo amore.*

AGRADECIMIENTOS Y DEDICATORIAS

Versiones previas de estos poemas se beneficiaron de la lectura y comentarios de los poetas Bruno Montané, Sergio Gaspar y Tomás Camacho, y de los artistas Susana Camanho y Emídio Agra, lo que manifiesto aquí con sincero agradecimiento.

El poema «En aquellos años me lanzaba a ciegas» va dedicado a Ignacio Echevarría; «Excesos del alma, / ronroneo lejano del pensamiento», a Bruno Montané; «Aún no conocemos los umbrales», a los luchadores de la huelga indígena de junio de 2022, en Ecuador; y, «Hosco, / en los vastos campamentos», a Jorge Izquierdo.

Les Cases d'Alcanar, 25 de noviembre de 2024

Índice de poemas